Wir spielen Schattentheater

Werkbücher für Kinder, Eltern und Erzieher

1

Herausgegeben von der
Vereinigung der Waldorfkindergärten

Erika Zimmermann

Wir spielen Schattentheater

Anregungen für eine einfache Bühne, kleine Szenen und drei Märchenspiele

Verlag Freies Geistesleben

ISBN 978-3-7725-2341-0

7. Auflage 2025

Verlag Freies Geistesleben
Landhausstraße 82, 70190 Stuttgart
www.geistesleben.com

Bei Fragen zur Produktsicherheit wenden Sie sich bitte an info@geistesleben.com
Einband: Thomas Neuerer unter Verwendung eines Bildes von Erika Zimmermann
Druck: UAB Balto print, Vilnius
Printed in Lithuania

FSC www.fsc.org MIX Papier | Fördert gute Waldnutzung FSC® C107574

Druckprodukt mit finanziellem Klimabeitrag
ClimatePartner.com/18507-2509-1012

Inhalt

Vorwort

Arbeitsmaterial für die Erwachsenen – Spielmaterial für die Kinder! Wenn man nach einem Namen sucht, der diese Buchreihe als Schwester neben die Hefte des «Arbeitsmaterial aus den Waldorfkindergärten» stellt, wird der geheimnisvolle Zusammenhang von Spiel und Arbeit neu bewusst. Arbeit, die den Erwachsenen seelisch «engagiert», die er um eines Zieles willen mit Freude auch dann leistet, wenn es ihn Schweiß und Mühe kostet, – sie ist dem Spiel des Kindes wesensverwandt. Der gleiche Ernst, die gleiche Befriedigung, die beglückende Freude am Geschehen walten hier wie dort. Nicht Zweck und Lohn sind maßgebend, sondern Sinn und Freude. In der Liebe zu dem, was man selber tut, liegt der Lohn – und im Erlebnis, das man erschafft. So deutlich beobachtete Rudolf Steiner die Umwandlung von der Spielfähigkeit zur Arbeitstüchtigkeit, dass er wiederholt mit dem Weg aus dem Kinderzimmer in die freudig besuchte Schule und von dort in das berufliche Leben die Aufgabe des Erziehers beschrieb. Die Metamorphose vom Spiel zur Arbeit zu begleiten und als «Erziehungskünstler» anzuregen ist ein umfassendes Erziehungsziel.

Erziehung sollte wahrhaftig mehr als Kunst denn als Wissenschaft verstanden werden. In ihr verschmelzen wissenschaftliche Nachdenklichkeit und liebevolle Hingabe zur Lebenskunst. In der künstlerischen Gestaltung, in dem Finden von Bildern, die sich in Farben oder Worten, in Formen oder Klängen mitteilen, wird es am deutlichsten, dass in der Mitte des Herzens die Wandlung sich vollzieht – von der Arbeit zum Spiel, vom Spiel zur Arbeit. Und aus diesem menschlichen, innerlich reich machenden Bereich der Herzensanteilnahme, aus dem jeder fantasievoll künstlerisch tätig werden kann, sollten wir Erwachsenen mit frischem Mut schöpfen.

In diesem Bändchen sind es Schattenspiele. Die Erklärungen geben die Handreichung, das Technische zu meistern. Die Beispiele wollen die Begeisterung zum Tun wecken und der eigenen Fantasie, der eigenen «Arbeit» freie Bahn schaffen. Aktivität wird entzündet in den Erwachsenen und in den Kindern – und sie schafft die lebendige Beziehung zwischen beiden, die z.B. das Fernsehen tötet. Mit diesem Wunsche legen wir das Buch in die Hände der Erzieher, der Eltern, der Kinderfreunde: dass es eine Hilfe sei, das liebevolle Miteinander zu mehren, das dann aus Hort und Kinderzimmer in das soziale Leben übergehen wird.

Helmut von Kügelgen

Zum Beginn

In diesem Buch finden wir am Anfang eine Beschreibung, wie man Schattentheater spielt und wie die Figuren und die Bühne dazu hergestellt werden. Dann folgen allerlei lustige Spiele mit den Schatten.

Der zweite Teil des Buches enthält drei Märchenspiele für die Schattenbühne mit Kulissen und Figurenbogen. Und am Schluss steht das Spiel-ABC mit vielen wichtigen Hinweisen und Ratschlägen.

Der Sinn dieses Büchleins ist der, dass wir nicht nur vor einer fertigen Bühne sitzen und hineinschauen, sondern dass wir uns alles selbst gestalten können.

Was ist Schattentheater?

Hast du schon einmal am Abend, wenn im Zimmer die Lampe brennt, mit deinen Händen ein Schattenspiel an die Wand gezaubert? Man hält die Hände zwischen Lampe und Wand; und je nachdem, wie man die Hände aneinanderlegt, erscheint an der Wand der Kopf einer Ente oder ein Hase, der mit den Ohren wackelt, oder ein Bär, der sein Maul aufsperrt.

Du kannst aber auch statt der Hände kleine Figuren nehmen. Und anstelle der Wand kannst du einen Rahmen aufstellen mit einem weißen Papier darin. Dann erscheinen die Schatten deiner Figuren auf dem Papier. Und wenn du dazu noch eine Geschichte erzählst, so hast du ein richtiges Schattentheater.

Was können wir auf der Schattenbühne spielen?

Das Schattenspiel wirkt immer ein wenig zauberhaft und geheimnisvoll. Darum eignet es sich besonders gut zur Darstellung von Märchen, Sagen und Legenden. Sehr schön sind Märchen mit immer wiederkehrenden Sprüchen oder Versen, die alle Zuschauer mitsprechen können:

Manntje, Manntje Timpe Te,
Buttje, Buttje in de See ...

Aber auch Gespenstergeschichten, Abenteuer und lustige Gedichte von Tieren und allerlei Käuzen und Fabelwesen, wie sie in deinem Lesebuch stehen, können auf der Schattenbühne lebendig werden. Die ganze Welt der Wunder und Träume lässt sich auf diese kleine Bühne zaubern.

Und alles kannst du dir selbst gestalten!

Die Schattenbühne

Siehe auch Spiel-ABC «Tischbühne», S. 54 f.

Zuerst brauchst du für dein Schattentheater eine Bühne mit einer weißen Spielfläche darin. Eine ganz einfache Schattenbühne kann man aus einem tiefen Karton basteln. Aus dem Boden des Kartons schneidet man in der Mitte ein viereckiges Stück heraus und klebt von innen hinter diese Öffnung einen Bogen dünnes, weißes Papier. Das Papier wird 2 cm größer geschnitten, als die Öffnung ist. Dann wird die Pappe rings um die Öffnung mit Klebstoff bestrichen und das Papier daraufgeklebt. Beim Kleben das Papier nach außen ziehen. Es muss stramm und ohne Falten im Fenster sitzen. Man kann das Papier auch mit Kreppklebestreifen hinter dem Fenster befestigen. Es lässt sich dann leicht auswechseln, wenn es einmal beschädigt ist. Nun wird der Karton aufrecht hingestellt, und die Schattenbühne ist fertig. Lege einen flachen Stein oder einen Briefbeschwerer in die Bühne, damit sie fest steht.

Findet die Vorstellung am Abend statt, stellst du eine kleine Nachttischlampe hinter die Bühne. Das Licht strahlt dann genau auf die weiße Spielfläche.

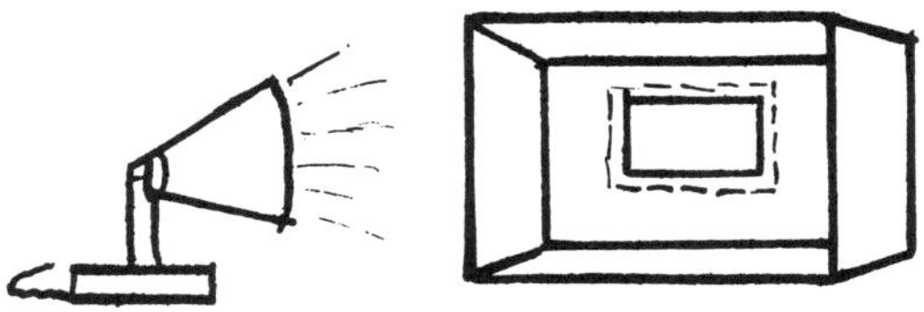

Das Schneiden der Figuren

Siehe Spiel-ABC: «Ausschneiden», «Figuren», S. 51 f.

Das Ausschneiden der Schattenfiguren ist nicht schwer. Man schneidet sie aus Pappe oder Kartonpapier. Versuche es einmal! Nimm ein Stück schwarzes Kartonpapier und schneide mit der Schere zunächst einfach hinein, auf und ab, hin und her, sowie es gerade kommt. Und plötzlich – ehe du es merkst – ist schon ein kleiner Pilz entstanden oder ein Tor oder ein Männchen. Schneide noch mehr Figuren aus. Übung macht den Meister! Wenn es dir leichter erscheint, dann zeichne die Figur erst mit Bleistift vor und schneide sie dann aus.

Jetzt versuche einmal, einen Menschen auszuschneiden, den Kopf, den Körper, Arme und Beine. Es gibt große und kleine Menschen, dicke und dünne. Sie haben Kleider an oder einen Rock und eine Hose oder einen Mantel. Manche haben auch einen Hut auf dem Kopf. Alles muss im Scherenschnitt genau zu erkennen sein, dann erscheint es auch im Schattenbild. Prüfe deine Figuren auf der Bühne! Auch Tiere lassen sich leicht ausschneiden, ein Hund, eine Katze, ein Igel oder ein Elefant. Bevor du aber die Tiere schneidest, musst du sie mit einem hellen Farbstift aufzeichnen, damit du siehst, ob sie dir auch gefallen.

Nun kannst du schon Figuren für ein Schattenspiel ausschneiden. Alle Figuren für das Schattenspiel schneidet man von der Seite gesehen, dann sind sie im Schatten am besten zu erkennen. Und am unteren Ende der Figur musst du ein Stück Pappe stehen lassen als Griff oder «Haltestab», an dem man die Figur über die Bühne führt.

Wie man die Figuren führt und wie sie sitzen, gehen und tanzen, das kannst du im Spiel-ABC unter «Auftritt», «Führung» und «Umwenden» lesen.

Lustige Spiele mit den Schatten

Schatten raten

Für dieses Spiel sammelst du allerlei Gegenstände, die im Schatten gut zu erkennen sind, zum Beispiel eine Puppengabel, eine Schere, einen Kamm oder einen Zwirnstern aus dem Nähkasten, einen Bleistift und auch Zweige, Blätter und Blumen. Alles legst du hinter deine Bühne auf den Tisch. Nun wird das Licht hinter der Bühne eingeschaltet, und dann führst du einen Gegenstand nach dem anderen dicht hinter der Spielfläche vorüber. Die Zuschauer sehen nur die Schatten der Gegenstände. Und nach den Schatten müssen sie raten, was du gezeigt hast. Das macht ihnen viel Spaß, und sicher wird dir noch manches einfallen, was sich für dieses Ratespiel eignet. Und dann gibt es immer wieder neue Überraschungen.

Dieses Ratespiel kann man – besonders wenn viele Kinder beisammen sind – auch mit selbst geschnittenen Figuren spielen.

Wir sind die Musikanten

Für alle, die gerne singen und musizieren, könnt ihr ein lustiges Liederraten veranstalten. Jeder schneidet ein Bild aus. Es gibt in eurem Liederbuch viele schöne Kinderlieder, die alle Kinder kennen und die man mit wenig Figuren darstellen kann.

Zum Beispiel: «Es tanzt ein Bibabutzemann» oder «Hänschen klein ging allein» und «Es regnet, es regnet», dann «Auf unsrer Wiese gehet was, watet durch die Sümpfe» oder das Lied von den Birnen «Spannenlanger Hansel, nudeldicke Dirn» und zuletzt «Laterne, Laterne».

Wenn alle Bilder fertig geschnitten sind und die Vorstellung beginnt, dann führt ihr ein Bild nach dem anderen langsam über die Bühne, dicht an der Spielfläche entlang. Und die Zuschauer müssen nun raten, welches Lied ihr dargestellt habt. Wer es zuerst erraten hat, darf es singen.

Laterne, Laterne,
Sonne, Mond und Sterne.

Tanz auf dem Seil

Gewiss hast du schon einmal eine Seiltänzerin gesehen, wie sie kunstvoll über das Seil balanciert!

Das können wir auf der Schattenbühne auch versuchen. Zeichne auf schwarzes Kartonpapier eine Tanzfigur und schneide sie aus. Dann klebe einen Zwirnsfaden, etwa 25 cm lang, mit seinen beiden Enden an die Arme der Figur. Der Faden wird um einen Pappstreifen gewickelt, mit dem man die Figur von oben führen kann. Nun spannst du noch einen dünnen Bindfaden hinter der Bühne entlang von einer Seite zur anderen und befestigst ihn an beiden Seiten mit Kreppklebeband. Das ist das Seil. Und jetzt führst du deine kleine Tänzerin von der Seite her auf das Seil. Sie muss dicht an die Spielfläche herangehalten werden, damit die Schatten scharf bleiben.

Ganz vorsichtig und langsam, Schritt für Schritt, so tanzt sie über das Seil. Es schadet nichts, wenn sie auch einmal herunterfällt. Dann haben die Zuschauer etwas zu lachen. Aber zum Schluss gelingt es doch, und alle klatschen Beifall!

Eine kleine Musik begleitet diesen Tanz (Mundharmonika, Triangel, Glockenspiel).

Der verzauberte Riese

Wenn du statt deiner elektrischen Bühnenlampe eine Taschenlampe benutzt, die eine einfache glatte Birne hat, dann kannst du auf deiner Schattenbühne aus einem Zwerg einen Riesen zaubern.

Hältst du deine Figur dicht an die Spielfläche heran, so erscheint sie im Schatten klein, so wie sie geschnitten ist. Hältst du sie aber weiter ab von der Spielfläche, dann wird sie im Schatten immer größer und größer. Aus einem Zwerg ist ein Riese geworden. Du kannst daraus ein kleines Ratespiel machen, indem du zuerst das vergrößerte Schattenbild zeigst, etwas entfernt von der Spielfläche. Die vergrößerten Schatten sehen nämlich zuweilen ganz anders aus als deine Figur, und die Zuschauer haben viel zu raten. Oft gelingt es ihnen nicht, und erst, wenn du deine Figur wieder dicht an den Spielschirm heranführst, sehen sie, was du gezeigt hast.

Das ist ein spannendes Spiel. Man kann geschnittene Figuren dazu verwenden, aber auch allerlei kleine Gegenstände, die sich dafür eignen.

Karpfen oder Schleierschwanz

Das ist ein Spiel für viele Kinder. Jeder kann einen Fisch ausschneiden. Sie werden im Faltschnitt geschnitten (siehe Spiel-ABC « Fische», S. 52). Auf diese Weise kann man leicht das Innere herausschneiden, sodass nur der äußere Rand stehen bleibt. Dann werden sie mit grauem oder schwarzem Seidenpapier hinterklebt.

Wer Lust hat, kann seine Fische auch mit mattfarbigem Transparentpapier hinterkleben. Für solche Fische wird hinter die Spielwand ein Bogen hellgrünes Transparentpapier gehängt. Man befestigt ihn mit Kreppklebeband an beiden Seiten.

Wenn alle Fische fertig sind, dann klebt ihr an jeden einen Führungsstab aus durchsichtigem Zellophan. Und an diesen Stäben kann man sie nun von oben und von unten und von der Seite durch die Bildfläche schwimmen lassen. Der schönste Fisch wird prämiert.

Der Stelzenläufer

Der Stelzenläufer ist ein Turnkünstler. Er steigt auf hohe Stelzen und kann mit ihnen spazierengehen.

Damit er richtig gehen kann, hat er ein bewegliches Bein. Dieses Bein ist extra ausgeschnitten und muß ein wenig länger sein als das andere, sodass man es am Körper mit einer Musterklammer befestigen kann.

Auf die Beine sind dann die hohen Stelzen aufgeklebt. Daran kann man den Stelzenläufer auch hinter der Bühne entlangführen. Er kann vorwärts gehen und rückwärts, mit großen und mit kleinen Schritten, wie es ihm gefällt.

Und zuletzt kann er sich sogar vor dem Publikum verbeugen.

Das gefräßige Krokodil

Das Krokodil kann sein Maul weit aufmachen. Der Unterkiefer ist extra ausgeschnitten und mit einer kleinen Musterklammer am Kopf befestigt. Und am Ende des Unterkiefers ist ein Draht angebracht, ebenfalls mit einer kleinen Musterklammer. Wenn man diesen Draht hin und her schiebt, dann geht das Maul auf und zu (siehe Spiel-ABC «Zirkus», S. 55 f.).

Nun kann das Krokodil ein ganzes Ei verschlingen und noch viel mehr!

Aber man muss das ein wenig üben, sonst kann es geschehen, dass das Ei danebenfällt. Stelle einen Spiegel vor die Bühne, damit du dein Spiel beobachten kannst.

Für diese Vorführung sind zwei Spieler nötig; einer führt das Krokodil, und der andere führt das Ei und alles, was das Krokodil noch fressen will.

Wer will das Gruseln lernen?

Für dieses Schattenspiel brauchst du zwei Taschenlampen mit glatten Birnen und einige Bogen schwarzes Kartonpapier. Jeder Bogen muss so groß sein, dass er die ganze Spielfläche deiner Bühne bedeckt.

Nun zeichne auf jeden Bogen in die Mitte eine Figur, vielleicht eine Hexe oder einen Teufel, einen Räuber oder einen Drachen mit zwei Köpfen! Dann schneide die Figur aus, sodass sie hell auf dem schwarzen Untergrund steht.

Wenn es fertig ist, kann das Spiel beginnen. Den Bogen mit der Hexe steckst du in den Kulissenhalter deiner Bühne (siehe Spiel-ABC «Kulissen», S. 53). Dann schaltest du das Licht im Raum aus und lässt nur die beiden Taschenlampen hinter der Bühne auf den Bildschirm leuchten. Die Zuschauer, die vor der Bühne sitzen, sehen jetzt die Hexe im Schattenbild. Weil du aber zwei Lichtquellen benutzt, sehen die Zuschauer zwei Hexen. Und wenn du nun die Taschenlampen ganz sachte hin

und her bewegst, herauf und herunter, nach rechts und nach links, dann bewegen sich auch die Schatten der Hexen. Sie werden lang und dünn und kurz und dick, sie springen hin und her und führen einen richtigen Hexentanz auf!

Dazu kannst du eine passende Musik machen, pfeifen, summen oder singen. Aber leise! Das Schattentheater verträgt keinen Lärm. Und dann versuche dasselbe mit den anderen Figuren: mit dem Teufel, dem Räuber und dem Drachen. So lange, bis alle Zuschauer das Gruseln gelernt haben!

Heut' ist große Zirkusvorstellung

Dieses Schattenspiel ist gut geeignet für eine Kindergesellschaft. Jeder, der mitspielen will, schneidet eine Zirkusfigur aus. Wenn alle Figuren fertig sind, kann die Vorstellung beginnen. Die Artisten werden nacheinander über die Bühne geführt und zeigen ihre Kunst.

Da gibt es einen Bären, der tanzen kann, Elefanten marschieren auf, ein Riesenkrokodil kriecht herein, und hinter Gittern sieht man Löwen und Tiger. Auch Affen können mitspielen und ihre Kletterkünste zeigen. Sie haben Haltestäbe aus durchsichtigem Zellophan, die im Schattenbild nicht zu sehen sind.

Und zuletzt kommen die beiden Spaßmacher, die mit riesengroßen Boxhandschuhen einen Boxkampf veranstalten wollen. Vor allem aber darf in einem Zirkus der Herr Direktor nicht fehlen, der immer eine tiefe Verbeugung macht, wenn er eine neue Nummer ansagt. Und daneben stehen die Musikanten und blasen einen Tusch, wobei der Trommler kräftig auf die Pauke haut.

Und dann erscheinen die Akrobaten, der Stelzenläufer oder der lustige Turner, der auf einer Kugel balancieren kann. Vielleicht gibt es auch eine kleine Seiltänzerin, die von oben an Fäden geführt wird, während ein zweiter Spieler ein Seil quer über die Bühne hält.

Drei Märchenspiele für die Schattenbühne

Vom Bärlein Taps

Ein Schattenspiel für die Kleinen

Es spielen mit:
Bärlein Taps, der Igel, der Käfer, die Schnecke, der große Pilz und der kleine Wagen.

Zum Vorlesen:
Es war einmal ein kleiner Bär, der hieß Taps. Er wohnte im Kinderzimmer, und des Nachts, wenn es dunkel war, schlief er im Puppenbettchen. Eines Abends hatten die Kinder vergessen, den kleinen Bären in sein Bettchen zu legen. Sie waren müde vom Spaziergang heimgekommen und hatten ihn auf das Fensterbrett gesetzt.

1. Bild: Am Fenster

Das Licht wird eingeschaltet; der Vorhang öffnet sich. Wir sehen ein Fenster; es steht offen; auf dem Fensterbrett sitzt der kleine Bär.

Da saß nun der kleine Bär und schaute in den Garten hinaus. Das Fenster stand offen, und ein frischer Duft kam ins Zimmer von den Blumen und den Bäumen draußen im Garten. Auch den großen gelben Sandhaufen konnte er sehen, auf dem die Kinder am Tag mit ihrem kleinen Wagen spielten. Richtig! Da stand ja der kleine Wagen! Taps rutschte ganz dicht ans Fenster heran, damit er ihn besser sehen konnte. Wie gerne wollte er einmal mit dem Wagen spielen! Die Kinder hatten es nie erlaubt. Immer musste er still danebensitzen. Aber jetzt! Jetzt wollte er ihn haben. Er rutschte immer weiter und weiter vor. Auf einmal – plumps, da war er verschwunden.

Nach unten ab.

Kinder, was meint ihr? Ob er in den Garten gefallen ist? Wir sehen einmal nach.

Der Vorhang wird geschlossen. Kleine Pause.

2. Bild: Im Garten

Der Vorhang öffnet sich. Wir sehen einen Rasen; links sitzt der kleine Bär.

Wirklich! Taps war hinuntergefallen in den Garten, mitten in das Gras hinein. Verwundert sah er sich um. Aber die Grashälmchen ringsumher wiegten ihre Köpfe und riefen: «Komm mit, komm mit!»

Da stellte er sich auf seine Beine und wanderte los. Taps, taps.

Er steht auf, von rechts kommt der Igel.

Plötzlich kam ein Igel daher, ein kleiner, stachliger Geselle. Der machte gerade seinen Abendspaziergang.

«Wohin des Weges?», fragte er höflich.

«Ich suche den kleinen Wagen», antwortete Taps.

«Komm mit, komm mit», sagte der Igel, drehte sich auf seinen Beinchen herum und lief voran.

Und Taps, der kleine Bär, lief hinterher.

Beide rechts ab.

Aber der Igel hatte vier Beine und lief damit so schnell, dass der kleine Bär nicht nachkommen konnte. Das ging über Wurzeln und Steine und Blättchen, und bald war er gar nicht mehr zu sehen.

Von links kommt Taps herein, von rechts der Käfer.

Da kam ein Käfer herbei, der trug große Zangen auf seinem Kopf.

«Wohin des Weges?», fragte er und sah den kleinen Bären verwundert an.

«Ich suche den kleinen Wagen», antwortete Taps.

«Komm mit, komm mit», rief der Käfer, drehte sich ganz umständlich herum und lief den Weg voran.

Und Taps, der kleine Bär, lief hinterher.

Beide rechts ab.

Der Käfer konnte noch schneller laufen, denn er besaß sechs Beine und krabbelte damit so flink um alle Hälmchen und Stängel, dass er bald um die nächste Ecke verschwunden war. Und Taps blickte traurig hinterdrein.

Er kommt wieder von links, von rechts kommt die Schnecke.

Nun kam eine Schnecke herbeigekrochen. Sie streckte ihre langen Fühlhörner aus und fragte: «Wohin des Weges?»

«Ich suche den kleinen Wagen», rief Taps und ging dicht heran.

«Komm mit, komm mit», sagte die Schnecke, drehte sich sogleich herum und kroch voraus.

Und Taps, der kleine Bär, lief hinterher.

Beide rechts ab.

Zum Glück konnte die Schnecke nicht so schnell kriechen, denn sie trug ihr Haus auf dem Rücken.

Aber der Weg zum Sandberg war weit, sehr weit!

Bald wurde Taps müde, und seine Beinchen wollten nicht mehr gehen. Und da war auch die Schnecke fort.

Er kommt wieder von links herein und setzt sich hin.

Ganz allein saß er nun auf der Wiese und wusste keinen Rat. Ach, hätten die Kinder ihn nur am Abend in sein Puppenbettchen gelegt! Dann wäre all das nicht geschehen.

Aber nun passt auf, wie die Geschichte weitergeht.

Der Vorhang wird geschlossen. Kleine Pause.

3. Bild: Der große Pilz

Der Vorhang öffnet sich. Wir sehen auf der rechten Seite einen großen Pilz.

Es stand nämlich nicht weit davon entfernt ein großer Pilz. Der hatte alles mit angesehen. Nun winkte er freundlich mit seinem Kopf und rief: «Komm her, komm her!»

Das gefiel dem kleinen Bären. Er stapfte mit seinen müden Beinchen heran und legte sich sogleich unter den Pilz in das weiche Moosbettchen.

Kommt von links, legt sich unter den Pilz.

Und der Pilz wiegte leise seinen Kopf hin und her und sang ihm ein Schlaflied vor. Da machte Taps die Augen zu und schlief ein. Und träumte von dem kleinen Wagen.

Es erklingt eine leise Musik auf der Mundharmonika, langsam wird es ein wenig dunkler.

Bald wurde es still im Garten. Die Blumen und Bäume waren auch eingeschlafen. Nur der kleine Wagen, der oben auf den Sandberg stand, der wollte nicht schlafen. Er rollte plötzlich vom Sandberg herunter zu dem großen Pilz.

Rumpeldipumpel, da blieb er stehen.

Er kommt von links.

Taps war aufgewacht von dem Lärm und sah den kleinen Wagen erstaunt an.

«Steig ein, steig ein!», rief der Wagen und fuhr dicht heran.

Da stieg Taps ein. Und der kleine Wagen rollte mit ihm davon, rumpeldipumpel, weit fort.

Sie fahren links ab.

Der alte Pilz schüttelte seinen dicken Kopf und wunderte sich.

Der Vorhang wird geschlossen.

Kleine Pause.

4. Bild: Auf dem Sandberg

Der Vorhang öffnet sich. Wir sehen den großen Sandhaufen.

Der kleine Wagen fuhr mit Taps durch den ganzen Garten, an allen Bäumen und Blumen vorbei, bis zu dem großen Sandhaufen. Da blieb er stehen.

Kommt von links.

Taps machte vor Staunen ganz runde Augen. Solch einen hohen Berg hatte er noch nie gesehen.

«Hinauf!», rief er, «hinauf!»

Und sogleich rollte der Wagen den Berg hinauf bis oben hin.

Taps brummte vor Vergnügen: brumm, brumm!

Da rollte der Wagen den Berg wieder herunter. Das gefiel dem kleinen Bären.

«Nochmal!», rief er. Und wirklich, der Wagen fuhr wieder hinauf und auf der anderen Seite herunter. Aber Taps hatte noch lange nicht genug.

«Schneller», rief er nun, «viel schneller!» Da sauste der Wagen hinauf und herunter, rumpeldipumpel, so schnell er nur konnte!

Und plötzlich – bum, fiel der Wagen um!

Taps, der kleine Bär, purzelte heraus.

Aber wo ist er nun geblieben? Wartet nur, gleich werdet ihr es sehen.

Der Vorhang wird geschlossen.

5. Bild: Der große Pilz

Der Vorhang öffnet sich. Wir sehen wieder den Pilz, und darunter sitzt Taps.

Als Taps die Augen aufmachte und sich besann, da saß er in seinem Moosbettchen unter dem großen Pilz.

«Es war nur ein Traum!», sagte der Pilz und lachte. Nur ein Traum!

Da brummte der kleine Bär zufrieden und legte sich wieder in das weiche Moos hinein. Und der Pilz wiegte seinen großen Kopf hin und her und sang ihm das Schlaflied vor.

Leise Musik auf der Mundharmonika. Langsam schließt sich der Vorhang.

Am anderen Morgen haben die Kinder den kleinen Bären gefunden. Drunten im Garten unter dem großen Pilz. Sie haben ihn alle miteinander heimgebracht und in sein Puppenbettchen gelegt.

Da hat er geschlafen Tag und Nacht, und heut' ist er wieder aufgewacht.

Ende des Spiels.

Spielanleitung

Der kleine Bär wird zweimal ausgeschnitten (Vorlagen zum Ausschneider der Figuren siehe S. 58 f.), einmal sitzend (auf dem Fensterbrett) und einmal laufend (auf dem Rasen). Wenn er auf dem Rasen «sitzen» soll, lässt man ihn etwas nach unten herunter.

Das Licht wird dunkler: Lege ein dünnes Tuch über den Lampenschirm.

Der Pilz ist rechts am Rand der Spielfläche eingesteckt. Sein Kopf ragt dort zur Seite etwas heraus, damit du ihn anfassen und sachte hin und her bewegen kannst, wenn er dem kleinen Bären das Schlaflied singt.

Taps steigt ein: Der Wagen wird zweimal ausgeschnitten, einmal allein und einmal mit dem kleinen Bären darin. Soll Taps einsteigen, so läuft er hinter den Pilz. Auch der Wagen wird hinter den Pilz geführt. Dort legst du ihn beiseite und führst den zweiten Wagen herein, in dem der kleine Bär sitzt.

Auf dem Sandberg: Der Wagen führt alles aus, was die Geschichte erzählt. Wenn er vom Sandberg herunterkommt, rollt er zur Seite aus dem Bild hinaus. Dort wird er umgewendet und kommt wieder herein. Genauso machst du es auch auf der anderen Seite. Zum Schluss, wenn der Wagen umkippt, lass ihn so weit herunter, dass der kleine Bär nicht mehr zu sehen ist. Dann Vorhang zu.

Das Puppenbettchen musst du auch ausschneiden. Meistens wollen es die kleinen Zuschauer am Schluss der Vorstellung sehen.

Fundevogel

Ein Märchenspiel nach den Brüdern Grimm

Es spielen mit:
Lenchen, Fundevogel, die Köchin, der Knecht; dazu der Rosenstrauch, die Kirche und der See mit der Ente.

Zum Vorlesen:
Es war einmal ein Förster, der hatte zwei Kinder, das Mädchen hieß Lenchen und der Knabe Fundevogel; denn der Förster hatte ihn im Walde gefunden und mit nach Hause gebracht.

Nun wuchsen die beiden Kinder miteinander auf, und sie hatten sich so lieb, dass, wenn eins das andere nicht sah, es traurig wurde. Es wohnte aber bei dem Förster noch eine alte Köchin, die war dem Fundevogel gram und hatte nichts weiter im Sinn, als wie sie ihm ein Leid antun könnte.

1. Bild: Vor dem Haus

Die Bühne wird hell, der Vorhang öffnet sich.

Wir sehen das Haus und den Zaun; die Köchin geht mit zwei Eimern mehrmals von rechts nach links über die Bühne und wieder zurück.

Eines Abends nahm die Köchin zwei Eimer und ging damit zum Brunnen, um Wasser zu holen. Aber sie ging nicht nur einmal, sondern mehrmals hinaus zum Brunnen.

Lenchen tritt vor die Tür.

Da trat Lenchen aus dem Haus und sprach zu ihr: «Sag, alte Sanne, warum trägst du so viel Wasser herzu?»

Sprach die Köchin: «Das will ich dir sagen, morgen früh, wenn der Förster in den Wald gegangen

ist, heize ich ein, und wenn das Wasser im Kessel siedet, dann werfe ich den Fundevogel hinein.»

«Nein!», rief Lenchen, «das darfst du nicht tun, der Fundevogel ist mein lieber Bruder, er soll mich nimmermehr verlassen!»

Aber die Köchin antwortete: «Das nützt dir alles nichts, der Fundevogel muss fort!»

Sie gehen ins Haus. Der Vorhang schließt sich.

So sprach die böse Sanne! Lenchen aber überlegte die ganze Nacht hindurch, wie sie dem Fundevogel helfen könnte.

2. Bild: In der Schlafkammer

Der Vorhang öffnet sich; wir sehen die Kinder in ihren Betten liegen.

Am anderen Morgen, als der Förster in den Wald gegangen war und die Kinder noch in ihren Betten lagen, sprach Lenchen zum Fundevogel:

«Verlässt du mich nicht, so verlass ich dich auch nicht.»

Sprach Fundevogel: «Nun und nimmermehr.»

Da sagte Lenchen: «So will ich es dir erzählen.»

Sie richtet sich im Bett auf.

«Gestern Abend trug die alte Sanne viele Eimer Wasser ins Haus. Und als ich sie fragte, warum sie das tut, so sagte sie: wenn der Vater in den Wald gegangen ist, will sie das Wasser im Kessel sieden und dich hineinwerfen.»

Leise:

«Wir wollen aber geschwind aufstehen, uns anziehen und fortlaufen.»

Und sogleich stiegen die Kinder aus ihren Betten, zogen sich an und liefen fort.

Sie stehen auf, bewegen sich hinter den Betten hin und her und laufen dann nach links fort.

Die Köchin kommt von rechts.

Als nun das Wasser im Kessel kochte, kam die Köchin in die Kammer, den Fundevogel zu holen. Da sah sie, dass die Betten leer waren!

«Der Vogel ist ausgeflogen!», rief sie, «und Lenchen ist auch fort. Was will ich nun sagen, wenn der Förster heimkommt und sieht, dass die Kinder fort sind?»

Sie läuft vor Angst hin und her.

«Geschwind, geschwind, hinterdrein, dass wir sie wiederkriegen! Geschwind, geschwind hinterdrein!»

Sie läuft links ab. Der Vorhang schließt sich.

Nun schickte die Köchin den Knecht hinaus und befahl ihm, die Kinder einzufangen und wieder nach Hause zu bringen. Und alsogleich machte der Knecht sich auf den Weg.

3. Bild: Auf der Wiese

Der Vorhang öffnet sich, wir sehen die beiden Kinder auf der Wiese.

Die beiden Kinder saßen miteinander auf der Wiese hinter dem Wald. Plötzlich sahen sie den Knecht von Weitem herbeikommen.

Da sprach Lenchen zum Fundevogel: «Verlässt du mich nicht, so verlass ich dich auch nicht.»

Sprach Fundevogel: «Nun und nimmermehr.»

Da sagte Lenchen: «So sollst du ein Rosenbäumchen werden und ich das Röschen darauf.»

Es erklingt eine leise Musik.

Verwandlung: Die Kinder verschwinden, und es erscheint ein Rosenbäumchen mit einer Rose darauf *(siehe S. 62).*

Der Knecht kommt von links.

Nun kam der Knecht herbeigelaufen. Er schaute umher und sprach: «Die Kinder soll ich einfangen, aber hier ist nichts zu sehen, als ein Rosenbäumchen mit einer Rose oben darauf.»

Er geht rechts hinaus und kommt wieder.

« Die Kinder kann ich nirgends finden. So will ich wieder nach Hause gehen.»

Er geht links ab. Der Vorhang schließt sich.

Wie nun der Knecht nach Hause kam und der Köchin erzählte, er habe nur ein Rosenbäumchen gesehen mit einer Rose darauf, da sprach die Köchin: «Du Narr! Warum hast du nicht das Rosenbäumchen entzweigeschnitten und die Rose heimgebracht? Geschwind, lauf hinaus und tue es!»

Da machte sich der Knecht noch einmal auf den Weg.

4. Bild: Auf der Wiese

Der Vorhang öffnet sich.

Die Kinder aber auf der Wiese sahen den Knecht wieder herbeilaufen. Da sprach Lenchen zum Fundevogel: «Verlässt du mich nicht, so verlass ich dich auch nicht.»

Sprach Fundevogel: «Nun und nimmermehr.»

Da sagte Lenchen: «So werde du eine Kirche und ich die Krone darin.»

Es erklingt eine leise Musik.
Verwandlung: Die Kinder verschwinden, und es erscheint eine Kirche mit einer Krone darin (siehe S. 62). Der Knecht kommt.

Nun kam der Knecht herbei und sprach: «Das Rosenbäumchen soll ich entzweischneiden und die Rose mit heimbringen, aber hier steht nur eine Kirche mit einer Krone darin.»

Er geht rechts ab, kommt wieder.

«Da ist nichts zu machen. So will ich nur wieder nach Hause gehen.»

Er geht nach links ab.

Also machte der Knecht sich auf den Weg. Und als er über die Wiese ging, dachte er bei sich: «Was wird jetzt die Köchin sagen, wenn ich wieder ohne Kinder heimkehre!»

5. Bild: Vor dem Haus

Der Vorhang öffnet sich, die Köchin steht schon vor der Tür.

Wie nun der Knecht nach Haus kam, stand die Köchin schon vor der Tür. Und sie sprach: «Nun, was hast du mitgebracht?»

Der Knecht antwortete: «Ich habe nichts weiter gesehen als nur eine Kirche, und es war eine Krone darin.»

Sprach die Köchin: «Warum hast du die Kirche nicht entzweigeschlagen und die Krone heimgebracht?»

Antwortete der Knecht: «Wie sollte ich das wissen?»

Da ward die Köchin zornig und rief: «Du Dummling, geh nur ins Haus. Jetzt werde ich selbst hinauslaufen und die Kinder fangen!»

Der Knecht geht nach rechts ins Haus – die Köchin kommt heraus und läuft über den Hof nach links ab.

Der Vorhang schließt sich.

Also machte sich nun die alte Köchin selbst auf die Beine und lief hinaus auf die Wiese, um die Kinder einzufangen.

Lenchen aber und Fundevogel sahen sie schon von Weitem kommen, und Lenchen sprach zum Fundevogel: «Verlässt du mich nicht, so verlass ich dich nicht.»

Und Fundevogel antwortete: «Nun und nimmermehr.»

Und alsogleich waren die beiden Kinder verschwunden. Fundevogel war ein See geworden und Lenchen die Ente darauf.

Es erklingt eine leise Musik.

6. Bild: Am See

Der Vorhang öffnet sich, wir sehen den See und die Ente darauf; die Köchin kommt von links.

Nun kam die böse Köchin herbeigelaufen. Sie schaute umher und sprach: «Hier ist nichts zu sehen als nur ein See und eine Ente darauf. Aber wartet nur! Ich werde den See austrinken, und dann ist der Fundevogel fort!»

Sie beugt sich hinunter zum Wasser, die Ente kommt von rechts heran.

Aber die Ente kam schnell geschwommen, fasste sie mit ihrem Schnabel beim Kopf und zog sie ins Wasser hinein. Da musste die alte Hexe ertrinken.

Sie verschwindet nach unten.

Es erklingt eine leise Musik.

Verwandlung: Der See und die Ente verschwinden und die Kinder erscheinen wieder nebeneinander.

Nun waren die Kinder erlöst. Sie gingen miteinander nach Haus und waren herzlich froh. Und wenn sie nicht gestorben sind, leben sie noch.

Langsam gehen sie beide nach links ab, und die Musik spielt dazu. Dann schließt sich der Vorhang. Das Spiel ist zu Ende.

Spielanleitung

Die Köchin wird zweimal ausgeschnitten, die erste Figur trägt zwei Eimer, die zweite läuft.

Lenchen wird auch zweimal ausgeschnitten, einmal im Nachthemdchen und einmal im Kleid.

Geht hin und her: Die Figur wird zur Seite hinausgeführt, umgewendet und wieder hereingeführt.

Rechts und links: bedeutet stets vom Spieler aus gesehen.

Verwandlung: Siehe Spiel-ABC, S. 55. Besonders geheimnisvoll wirkt eine Verwandlung, wenn man dazu leise Musik erklingen lässt, zum Beispiel die hohen Töne einer Mundharmonika.

Der Rosenstrauch, die Kirche und *der See* müssen einen Haltestab (Griff) haben, damit man sie bei der Verwandlung von hinten heran- und wieder fortführen kann.

Der See im 5. Bild wird hinter die Wiese gehalten, in der Mitte, wo die Gräser ganz kurz sind. Bei der Verwandlung brauchst du dann nur die Ente und den See nach unten herunterzuführen, und dann haben wir wieder die Wiese.

Die Kulissen werden aus *einem* Stück geschnitten und in den Kulissenhalter gesteckt (siehe Spiel-ABC, S. 53). Auf diese Weise lassen sich die Kulissen schnell auswechseln.

Vorhang: siehe Spiel-ABC, S. 57.

Vorlagen zum Ausschneiden der Figuren siehe Seite 60–62.

Kännchen voll

Ein nordisches Märchen

Es spielen mit: Das Mädchen, das Kännchen, die Maus und der Bauer.

1. Szene

Die Bühne wird hell; wir sehen links ein kleines Haus und davor eine Treppe.

Zum Vorlesen:
Es war einmal ein kleines Haus. Ganz armselig sah es aus, windschief und wackelig. Darinnen wohnte ein Mädchen. Es hatte den letzten Groschen ausgegeben und alles verzehrt. Nun hatte es nichts mehr; nur noch ein einziges Kännchen. Aber das war leer.

Das Mädchen hatte das Kännchen schön sauber gewaschen und gespült und stellte es nun draußen vor die Tür, damit es in der Sonne trocknen sollte.

Sie schiebt es heraus.

Und plötzlich, denkt nur an, da fing das Kännchen an zu laufen! Es sprang die Stufen hinunter, holter, kobolter, und lief die Straße entlang.

Läuft rechts ab.

Wo will es nur hin, das Kännchen, so hübsch sauber gewaschen und gespült? Ich will's euch verraten. Es läuft zum Metzger. Dort steht grad der Geselle am Tisch und schneidet das Suppenfleisch. Da läuft's hin.

Man hört es zurückkommen.

Horcht! Jetzt kommt es zurück.

Kommt von rechts.

Aber seht nur, es ist nicht leer! Da steckt etwas drin! Nun klettert es die Stufen hinauf und klopft an die Tür. Das Mädchen hört das Klopfen und ruft:

(Das Mädchen ruft von drinnen): Wer ist draußen?
(Kännchen): Kännchen voll!
(Das Mädchen kommt aus dem Haus): Kännchen, was hast du mitgebracht?
(Kännchen): Schau in mein Bullebäuchlein.
(Das Mädchen schaut hinein): Suppenfleisch und Speck! Wer hat's dir gegeben?
(Kännchen): Tisch war zu klein, fiel's hinein.
(Das Mädchen): Ach, du gutes Kännchen, du, komm schnell herein, wir wollen's kochen.

Beide gehen ins Haus.

Und das Mädchen nahm sogleich das Suppenfleisch aus dem Kännchen und kochte nun und brutzelte, dass vor Vergüngen das armselige Häuschen zu tanzen begann und der Rauch dick aus dem Schornstein puffte.

Das Häuschen tanzt hin und her, und aus dem Schornstein kommt Rauch heraus.
Langsam wird es dunkel.

2. Szene

Die Bühne wird wieder hell, und auf der Treppe steht das Kännchen.

Am anderen Morgen hatte das Mädchen sein Kännchen wieder schön blank gewaschen und gespült und zum Trocknen auf die Treppe gestellt. Und was meint ihr, das Kännchen begann wieder zu laufen! Es sprang die Treppe hinunter, holter, kobolter und lief die Straße entlang.

Läuft rechts ab.

Wisst ihr, wo es diesmal hinläuft? Zum Bäcker! Dort schüttet gerade der Bäckerjunge die frischen Brezeln auf den Tisch. Da läuft's hin.
Wartet nun, gleich wird es wiederkommen.

Kommt von rechts.

Da ist es schon. Und wieder hat es etwas mitgebracht. Jetzt klopft es an.

(Das Mädchen ruft von drinnen): Wer ist draußen?
(Kännchen): Kännchen voll!
(Das Mädchen kommt aus dem Haus): Kännchen, was hast du mitgebracht?
(Kännchen): Schau in mein Bullebäuchlein.

(Das Mädchen schaut hinein): Honigbrezeln! Das ganze Kännchen voll! Wer hat's dir gegeben?
(Kännchen): Tisch war zu klein, fiel's hinein.
(Das Mädchen): Ach, du gutes Kännchen, du, komm schnell herein, wir wollen's essen!

Beide gehen ins Haus.

Das Mädchen nahm die Honigbrezeln aus dem Kännchen, kochte süßen Kaffee dazu und schleckte und leckte, dass vor Vergnügen das Häuschen wieder zu tanzen begann und der Rauch dick aus dem Schornstein puffte.

Das Häuschen tanzt hin und her, und aus dem Schornstein kommt Rauch heraus.
Die Bühne wird dunkel.

3. Szene

Die Bühne wird hell; wir sehen wieder das Häuschen und auf der Treppe steht das Kännchen.

Dem armen Mädchen gefiel das recht gut. Am nächsten Morgen hatte es schon in aller Frühe das Kännchen hübsch sauber gewaschen und gespült und zum Trocknen draußen auf die Treppe gestellt. Und wieder fing es an zu laufen! Es sprang die Stufen hinunter und lief die Straße entlang.

Läuft rechts ab.

Wo läuft es denn nun hin, das Kännchen?
Ich weiß es. Zum Wirtshaus! Dort sitzen gerade die Bauern am Tisch und zählen ihr Geld. Da läuft's hin! Und es dauert nicht lange, so kommt's wieder zurück, kantapper, kantapper und bums gegen die Tür!

Es kommt von rechts und läuft zum Haus.

(Das Mädchen ruft von innen): Wer ist draußen?
(Kännchen): Kännchen voll.
(Das Mädchen kommt heraus): Kännchen, was hast du mitgebracht?
(Kännchen): Schau in mein Bullebäuchlein.
(Das Mädchen schaut hinein): Lauter blanke Taler! Wer hat sie dir gegeben?

(Kännchen): Tisch war zu klein, fiel's hinein.
(Das Mädchen): Ach du gutes Kännchen du, komm schnell herein, wir wollen's zählen.

Beide gehen ins Haus.

Das Mädchen nahm sogleich das Kännchen, schüttelte alles Geld heraus und drehte die Taler um und um, dass vor Vergnügen das armselige Häuschen wieder zu tanzen begann und der letzte Rauch noch aus dem Schornstein pufften.

Das Häuschen tanzt, der Schornstein raucht; dann steht alles still.

Nun könnt ihr euch denken, wie das Mädchen sich freute! Aber es wollte noch mehr haben. Und weil es recht gierig danach war, so dachte es bei sich: Warum soll ich bis morgen warten, das Kännchen zu schicken? Es soll mir heut noch etwas bringen. Und sie wusch das Kännchen nicht, sie spülte es nicht, nein sie stellte es sogleich hinaus auf die Treppe.

Schiebt es hinaus.

Und wahrhaftig, das Kännchen begann wieder zu laufen! Es sprang die Treppe hinunter und lief die Straße entlang bis zum Marktplatz.

Läuft rechts ab.

Da blieb es stehen. Der Markt war gerade zu Ende, und die kleinen Mäuse hatten das Letzte noch aufgesammelt. Nun schlüpfte ein Mäuslein ins Kännchen hinein, um darin zu schlafen.Als Kännchen das merkte, schlich es heim, ganz sacht, ganz sacht.

Kommt von rechts, schleicht langsam zum Haus.

Und es klopft an die Tür.

(Das Mädchen ruft von drinnen): Wer ist draußen?
(Kännchen): Kännchen voll.
(Das Mädchen kommt heraus): Ach, du gutes Kännchen, du, komm schnell herein!

Beide gehen ins Haus.

Was wird diesmal drinnen sein?, dachte das Mädchen und griff neugierig mit der Hand in das Kännchen.

Da sprang das Mäuslein hervor.

Es springt aus dem Haus und rechts ab.

«Du böses Kännchen du!», rief das Mädchen und wurde so zornig, dass sie das Kännchen zur Tür hinaus warf.

Es rollt heraus und bleibt liegen.

Und da war das Kännchen zerbrochen.

Wie nun das Mädchen aus dem Haus heraustrat und sah, dass das Kännchen zerbrochen war, da begann sie zu weinen.

«Ich armes Mädchen, was fang ich nun an!»

Von links kommt ein Bauer und steht nun hinter ihr.

Zum Glück kam ein Bauer des Weges daher, der sagte: «Komm mit auf meinen Hof, du kannst die Kühe melken.»

Da ging das Mädchen mit dem Bauern auf seinen Hof, melkte die Kühe und es war zufrieden.

Beide gehen miteinander rechts ab; es wird dunkel. Das Spiel ist zu Ende.

Spielanleitung

Das Häuschen ragt links etwas aus dem Spielfeld heraus, damit du es anfassen kannst und hin und her bewegen, wenn es vor Vergnügen tanzt. Es ist gesondert geschnitten und hinter das Rasenstück in den Kulissenhalter gesteckt.

Der Schornstein raucht: Ein langes Stück Zellophan, das schmaler ist als der Schornstein, wird wellig geschnitten und hinter dem Schornstein hochgeführt, herauf und herunter. Der Schornstein raucht!

Das Kännchen muss recht groß sein, damit viel hineingeht. Es wird viermal ausgeschnitten, einmal ist es leer, einmal mit Fleisch gefüllt, dann mit Brezeln und zuletzt mit Geldstücken. Sein Führungsstab besteht immer aus unsichtbarem Zellophan.

Das Kännchen läuft: Dabei muss es stets von einem leisen Klang begleitet werden, damit die Zuschauer hören, wenn es kommt. Man kann Holzleisten von verschiedener Länge auf eine weiche Unterlage legen und mit dem Bleistift anschlagen.

Das Kännchen zerbricht: Man lässt es über die Treppe herunterrollen und führt es dann nach unten ab. Dieses Schattenspiel könnt ihr auch noch weiter ausgestalten, indem ihr die Erlebnisse des Kännchens beim Metzger und Bäcker, bei den Bauern und auf dem Wochenmarkt in gesonderten Szenen darstellt.

Eine lustige Aufgabe für eine ganze Spielgemeinschaft!

Vorlagen zum Ausschneiden der Figuren siehe Seite 63 f.

Spiel-ABC

Auftritt:
Die Schattenfigur wird hinter der Bühne dicht an der Spielfläche entlanggeführt, sodass ihr Schatten deutlich auf der Fläche erscheint.

Die Figur kommt von der Seite herein und geht auch zur Seite wieder ab.

Hexen, Riesen und andere Geister kannst du auch nach hinten wegführen. Dann werden die Schatten immer größer, bis die Gestalt verschwunden ist.

Ausschneiden:
Die Schere hält man beim Schneiden still! Nur das Papier wird gedreht, hin und her und auf und ab.

Zu Beginn kannst du deine Schattenfiguren mit Bleistift vorzeichnen und dann ausschneiden. Später aber versuche, sie frei zu schneiden. Die Figuren werden lebendiger!

Dünne Beine schneidet man nicht aus. Die Figur kippt damit leicht um.

Der Hans trägt am besten lange Hosen und die Prinzessin bekommt ein weites Gewand, das bis zu den Füßen reicht. So kann man sich helfen.

Beleuchtung:
Bei nächtlichen Szenen kannst du ein dünnes Tuch über deinen Lampenschirm legen. Es entsteht dadurch eine geheimnisvolle und zauberhafte Beleuchtung.

Figuren:
Die Figuren, die du ausschneidest, brauchen nicht immer auszusehen wie in Wirklichkeit. Du kannst auch ganz unwirkliche Figuren schaffen, Trolle und Wichtel, Riesen und Zwerge, Hexen und Ungeheuer und noch vieles mehr.

Das Schattentheater ist wie ein Märchen, da gibt es vielerlei Gestalten.

Figurenhalter:
Aus kleinen, dicken Pappschachteln von Medikamenten und dergleichen kann man Figurenhalter machen. Die Schachteln haben meistens an der Seite eine Klappe zum Öffnen. Wenn wir sie nun hochkant stellen, dann sehen wir oben am Rand einen Schlitz. Und da hinein können wir die Schattenfigur mit ihrem Haltegriff stecken. Nun kann die Figur stehen, und wir können sie hin- und herschieben.

Fische:

Die Fische werden im Faltschnitt geschnitten. Zuerst einen Fisch auf schwarzes Kartonpapier zeichnen. Dann ihn der Länge nach zur Hälfte zusammenfalten und ausschneiden. Zuletzt wird auch das Innere des Fisches ausgeschnitten, sodass nur der Umriss der Figuren stehen bleibt. Nun wird der Fisch auseinandergeklappt und auf graues oder schwarzes Seidenpapier oder auch auf farbiges Transparentpapier geklebt.

Aus dem überstehenden Papier kann man die Flossen und den Schwanz einschneiden. Zum Schluss noch ein rundes Auge aufkleben. Dann ist der Fisch fertig.

Als Führungsstab wird am Rand der Figur ein durchsichtiger Zellophanstreifen angeklebt. Damit kann man den Fisch hinter der Bühne führen.

Für farbige Fische wird hinter die Spielwand ein Bogen farbiges Transparentpapier (hellgrün) gehängt. Das Papier wird an der Seite der Bühne mit Kreppklebeband befestigt.

Führung:
Es gibt bewegliche und unbewegliche Schattenfiguren. Wir wollen uns vorerst mit den unbeweglichen begnügen, weil sie leichter herzustellen sind. Auch unbewegliche Schattenfiguren wirken lebendig, wenn du sie richtig führst.

Soll die Figur gehen, dann lasse sie kleine seitliche Bewegungen machen, damit sie nicht «schwebt». Eine stolze Figur neige etwas nach hinten, dann wirkt sie «hochnäsig». Soll die Figur eine Verbeugung machen, so neige sie nach vorn.

Auch tanzen können deine Figuren! Bewege sie leicht hin und her, herauf und herunter, nach links und nach rechts.

Tanzende Figuren kann man auch von oben mit einem Zwirnsfaden führen. Der Faden wird mit seinen beiden Enden an den Armen der Figur angeklebt.

Ist deine kleine Kartonbühne zu eng, dann drehe sie um und spiele von der anderen Seite.

Haltestab:
Für Vögel und Figuren, die von oben auf die Bühne kommen, können wir auch Haltestäbe aus Zellophan verwenden. Sie werden auf die Figuren aufgeklebt.

Zellophan ist durchsichtig, und die Zuschauer können daher diese Stäbe nicht sehen. Zellophan kann man im Zeichengeschäft kaufen. Wenn es zu dünn ist, werden zwei Streifen mit farblosem Klebstoff übereinandergeklebt.

Kartonpapier:
Dünne Pappe gibt es im Papiergeschäft zu kaufen.

Kulissen:
Zuweilen brauchst du für dein Schattenspiel auch Kulissen, einen Baum, einen Zaun oder ein Haus. Damit du diese Kulissen hinter deiner Bühne aufstellen kannst, musst du unterhalb der Spielfläche einen Streifen Kartonpapier ankleben. Aber nur den unteren Rand ankleben!

Oben bleibt der Streifen lose. Du kannst nun alle Kulissen dahinter einstecken.

Auch mit Kreppklebeband kann man die Kulissen befestigen. Der Streifen lässt sich jederzeit wieder abnehmen.

Musik:
Zum Schattentheater gehört auch Musik. Aber sie muss leise sein. Ein Schattenspiel verträgt keinen Lärm; denn die Schatten, die wir sehen, sind wie ein Traum, ungreifbar.

Geeignete Instrumente sind die Block- oder die Choroiflöte, die Mundharmonika, das kleine Glockenspiel und die Triangel.

Auch Glasteller und Weingläser haben einen wunderbaren Klang, wenn man sie auf eine weiche

Unterlage stellt und vorsichtig mit einem Bleistift anschlägt.

Ordnung:
Sie ist sehr wichtig, besonders hinter der Schattenbühne. Sonst kann es geschehen, dass eine Figur, die gerade auftreten soll, nicht zu finden ist.

Am besten legt man alle Figuren, die in der Szene mitspielen sollen, nebeneinander hinter der Bühne auf den Tisch.

Probe:
Bevor du ein Schattenspiel auf deiner Bühne zeigst, musst du es erst ein wenig üben, damit es den Zuschauern auch gefällt. Stelle einen Spiegel vor deine Bühne. Darin kannst du dein Spiel beobachten.

Spielgestaltung:
Wenn du ein Schattenspiel aufführen willst, nach einem Märchen oder einer Geschichte, so brauchst du dafür kein Theaterstück zu schreiben, sondern die Geschichte wird einfach erzählt oder vorgelesen. Und diejenigen Teile der Geschichte, die sich gut zum Spiel eignen, versuchst du dann mit deinen Figuren darzustellen.

Am besten ist es , wenn du einen Helfer hast, der die Geschichte vorliest, während du die Figuren führst.

Natürlich kannst du auch ganz allein ein Schattenspiel aufführen, aber dann musst du deine Geschichte auswendig wissen, denn vorlesen und gleichzeitig die Figuren führen, das verträgt sich nicht miteinander.

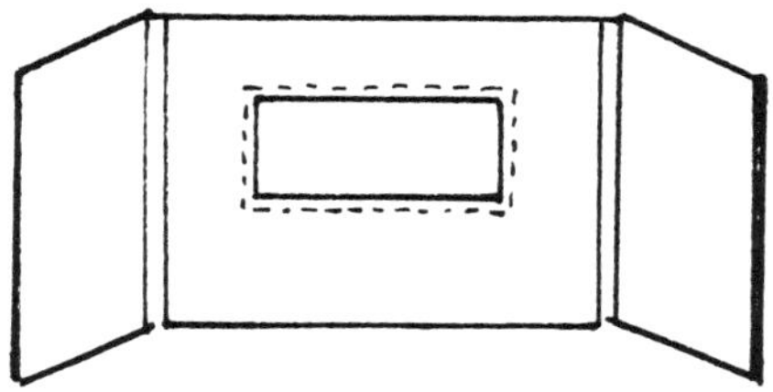

Tischbühne:
Wenn mehrere Kinder mitspielen wollen, könnt ihr euch eine größere, zusammenklappbare Bühne aus Pappe oder Holzfaserplatten bauen.

Sie besteht aus drei Teilen, dem Vorderteil und den beiden Seitenteilen.

Im Vorderteil wird in der Mitte die Spielfläche herausgeschnitten oder gesägt und mit weißem Papier hinterklebt, wie bei der kleinen Kartonbühne.

Dann werden die beiden Seitenteile mit Klebe-Streifen an den Mittelteil angeklebt, ein Seitenteil rechts, ein Seitenteil links.

Die Pappen dürfen beim Kleben nicht ganz dicht aneinandergelegt werden. Es muss ein kleiner Zwischenraum bleiben, damit man die Bühne auch zusammenklappen kann (siehe Spiel-ABC, «Klebeband»).

Klebeband:
Willst du zwei Bühnenpappen aneinanderkleben, so kannst du das mit Klebeband machen. Man zieht einen Streifen von der Rolle ab, 4 cm länger als die Pappe ist, und legt ihn auf den Tisch. Nun klebt man von der Seite eine Pappe auf den Streifen.

Die Pappen dürfen nicht ganz dicht zusammengelegt werden, und oben und unten bleiben je 2 cm vom Klebeband frei (siehe Zeichnung!).

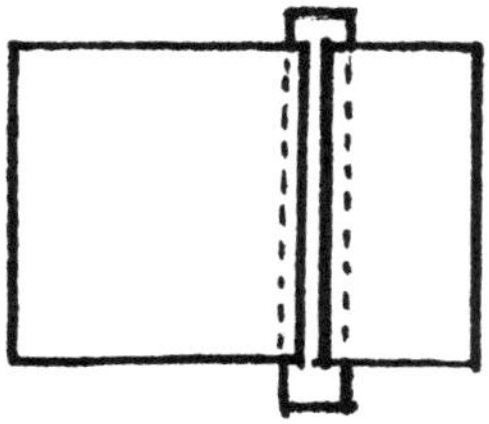

Wenn die Pappen fest sind, dann werden die Enden vom Klebeband, die oben und unten überstehen, umgebogen und angeklebt.

Nun ziehst du noch einen Streifen Klebeband ab, genau in der Länge der Pappen, und klebst ihn auf der anderen Seite fest.

Jetzt sind die Pappen miteinander verbunden und können auch zusammengeklappt werden.

Umwenden:
Wenn eine Figur während des Spiels gewendet werden muss, so tut man das nicht auf offener Bühne, sondern man führt die Figur zur Seite hinaus, dreht sie rasch um und führt sie wieder herein. Auch hinter einem Baum oder einem Haus kann man die Figur umdrehen.

Verwandlung:
Im Schattentheater kannst du eine Figur auf offener Szene verschwinden lassen und sie in eine andere verwandeln. Man führt sie aber nicht zur Seite hinaus, sondern nach hinten! Dabei werden die Schatten immer größer, was das Geheimnisvolle einer Verwandlung noch unterstreicht. Genauso wird auch die neue Figur wieder hereingeführt.

Zirkus:
Größere Zirkusfiguren, die aus Pappe geschnitten sind, könnt ihr auch beweglich gestalten.

Man braucht dazu einen Locher, einen Spitzbohrer oder eine spitze Schere, um die Löcher zu bohren, dann kleine und große Musterklammern und starkes, durchsichtiges Zellophan.

Und so wird's gemacht:

Wollen wir einen beweglichen Arm haben, so schneiden wir die Figur ohne Arm aus und dann den Arm extra. Der Arm muss oben etwas länger geschnitten sein, damit er über die Schulter herüberreicht.

Nun kann man die Schulter und den Oberarm durchlochen und durch beide Löcher eine Musterklammer stecken.

Die Musterklammer wird auf der Rückseite umgelegt und mit einem Klebestreifen überklebt.

Jetzt hat die Figur einen beweglichen Arm.

Wir brauchen nun noch einen Führungsstab (F), mit dem wir den Arm bewegen können. Diesen Führungsstab schneidet man aus durchsichtigem Zellophan. Dann können die Zuschauer den Stab nicht sehen.

Er wird in der Mitte des Armes auch mit zwei Löchern und einer kleinen Musterklammer befestigt.

Nun können wir den Arm von unten her mit dem Führungsstab bewegen. Dasselbe könnt ihr auch mit einem beweglichen Kopf oder Bein versuchen.

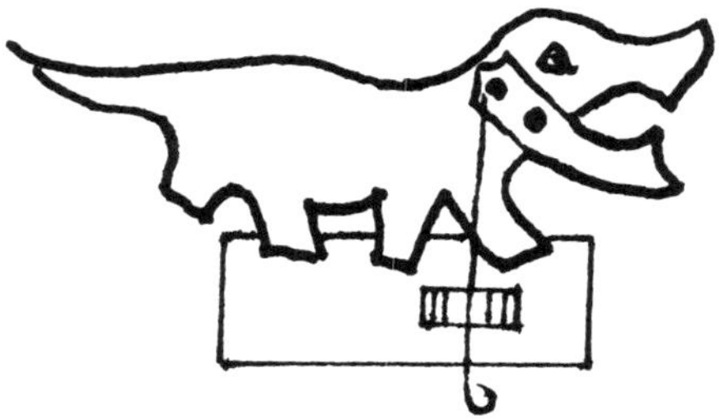

Zugvorhang:
Hast du dir eine kleine Kartonbühne gebastelt, so kannst du als Vorhang gleich die andere Hälfte des Kartons benutzen.

Die Seitenteile werden abgeschnitten und der Mittelteil wird vor die Bühne gestellt. Dann ist der Vorhang geschlossen.

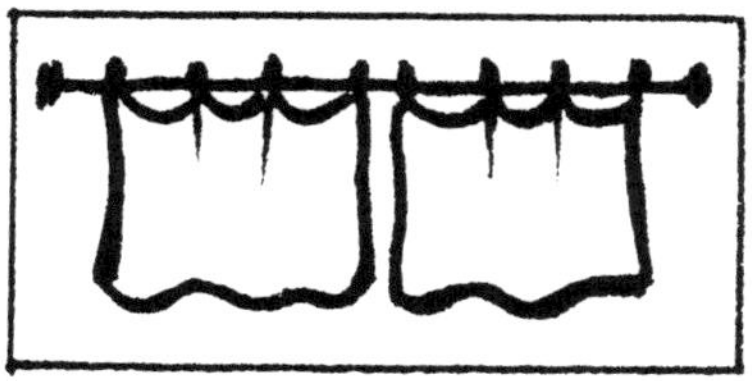

Wer eine größere Bühne aus starker Pappe oder Holz gebaut hat, kann einen richtigen Vorhang anbringen. Dazu werden oberhalb der Spielfläche zwei kleine Schraub-Ösen eingeschraubt, rechts eine und links eine. Diese Schraub-Ösen verbindet man mit einer Schnur, und daran wird der Vorhang mit kleinen Ringen aufgehängt.

Wer gut zu basteln versteht, kann ihn auch zum Ziehen einrichten.

Der Stoff für den Vorhang muss recht dicht sein, damit man nicht hindurchsehen kann.

Figuren zum Nachzeichnen und Ausschneiden

Auf den folgenden Seiten sind Vorlagen für die Figuren abgebildet, die in den drei Märchenspielen dieses Buches vorkommen. Ihr könnt sie auf Kartonpapier zeichnen und dann ausschneiden. Wer aber schon zeichnen kann, der sollte sich die Figuren für sein Schattentheater selbst ausdenken. Sie werden viel lebendiger, wenn alles so aussieht, wie ihr selbst es euch vorstellt!